Ella, das Mädchen aus der Zukunft

AF238245

Elvira Ainberger

Ella, das Mädchen aus der Zukunft

ch. falk verlag

Originalausgabe
© ch. falk-verlag, seeon 2012
Umschlaggestaltung: Elvira Ainberger & Dirk Gräßle
Satz: P S Design, Lindenfels
Druck: Druckerei Sonnenschein, Hersbruck

Printed in Germany
ISBN 978-3-89568-239-1

Inhalt

Hallo, du...

...aus der Vergangenheit, ich heiße Ella und berichte das erste Mal aus der Zukunft. Ich habe sehr viel von den Menschen aus deiner Zeit gehört. Aus deiner Sicht lebe ich in einer Zeit, die erst kommen wird, du hingegen lebst aus meiner Sicht in einer Zeit, die schon lange vorbei ist. Ich berichte dir von einem wunderbaren, sorgenlosen Leben, auf das du dich wirklich freuen kannst. Es liegt nämlich an dir und allen anderen Kindern, wie schnell mein traumhaft schönes Leben auch für dich real wird. Ich hoffe, ich kann dich mit meiner Geschichte verzaubern.

Damit du eine Vorstellung bekommst, worauf du dich freuen kannst, habe ich dir einige Bilder gemalt. Diese zeigen dir, was ich in den letzten Jahren erlebt habe. Bist du schon neugierig? Meine Geschichten sollen deine Phantasie anregen und dir klar machen, dass du bereits jetzt in der Lage bist, dieselben oder noch spannendere Abenteuer zu erleben. Denke daran, es gibt keinerlei Grenzen — alles ist möglich, sofern es in Liebe geschieht.

Am Ende meines Buches hast du die Möglichkeit, deine eigenen Ideen und Träume zu malen oder aufzuschreiben und ins Internet zu stellen. Deine Mama oder dein Papa dürfen dir gerne dabei helfen, denn gerade die Erwachsenen haben in deiner

Zeit aufgehört, an sich zu glauben. Sie haben vergessen, wie schön es ist, den Tag zu genießen, herzhaft zu lachen oder gar eine Fee im Wald zu treffen. Sie haben ebenso den wahren Sinn des Lebens aus den Augen verloren, welcher nicht immer nur bedeutet, das schönste Haus, das schnellste Auto und die bestbezahlte Arbeit zu haben. Das Leben soll wieder lebenswert werden, und das schaffen Kinder, wie du eines bist, am besten gemeinsam. Zeige den Erwachsenen, wie das geht – ich helfe dir dabei mit meinen Geschichten.

Du musst wissen, dass die meisten Erwachsenen die Fähigkeit verloren haben, die Naturwesen, wie zum Beispiel Einhörner, Feen, Zwerge, Elfen, auch Engel und viele mehr zu sehen oder mit ihren Schutzengeln zu sprechen. Viele haben den Glauben an diese wundervollen Geschöpfe verloren, doch es gibt sie wirklich, und du sollst dir von ihnen nichts anderes einreden lassen.

Eines kann ich dir schon sagen, die Menschen aus der Vergangenheit haben es natürlich geschafft, den wahren Wert des Lebens wiederzuerkennen, denn sonst hätte ich doch nicht so viele Neuigkeiten aus der Zukunft zu berichten. Denn auch ich und meine lustigen Abenteuer sind Wirklichkeit!

Bevor ich dir zu erzählen beginne, möchte ich dir noch ans Herz legen, worum es im Leben wirklich geht, und wenn du das verstanden hast, bist du deinem neuen, wunderbaren Leben schon viel näher, als du ahnst.

Die Liebe

Hast du jemals darüber nachgedacht, worum es im Leben wirklich geht?

Ja, du hast ja recht, es geht natürlich darum, etwas zu lernen und Erfahrungen zu machen, um ein schönes Leben mit Familie und Freunden. Doch ist das wirklich alles? Natürlich nicht, das Wichtigste im ganzen Universum fehlt noch – die bedingungslose **Liebe**! Worte können dieses unglaubliche Gefühl nicht beschreiben. Erst die Liebe zu allem Leben erfüllt und vervollständigt dich.

Sag doch mal, liebst du dich selbst, magst du dich, kannst du in den Spiegel schauen und sagen: „Ja, ich hab mich sehr lieb, so wie ich bin?" Wenn du das kannst, dann bist du ein glücklicher Mensch. Wenn du dich uneingeschränkt liebst, kannst du auch alle anderen lieben, und alle anderen lieben dich. Weißt du, wo die Liebe zu Hause ist? Kannst du sie spüren?

Du hast schon wieder recht, sie wohnt in deinem Herzen und wartet darauf, dass du sie in jedem einzelnen Augenblick durch deine Gedanken und dein Tun zum Ausdruck bringst.

Mit diesem Bild möchte ich dir zeigen, dass alle zusammen – Menschen, Tiere, Pflanzen, Naturwesen und Mutter Erde – eine große Familie bilden. Das nennt man die göttliche Einheit. Übrigens, ich bin auch auf diesem Herz abgebildet, hast du mich schon gefunden?

Hast du eine Erinnerung an die Zeit im Bauch deiner Mama, also bevor du geboren wurdest?

Ich kann mich sehr gut erinnern. Meine lieben Eltern stecken voller Liebe und haben sehr lange auf mich gewartet. Die kuschelig warme Zeit im Bäuchlein meiner Mama war sehr entspannt und ruhig. Mama sang und sprach viel mit mir, ich spürte ständig ihre Liebe. Ihr Herz klopfte in einem langsamen, gleichmäßigen Rhythmus, sie war immer sehr gelassen. Meinen Papa konnte ich an seiner schönen, tiefen Stimme erkennen, er flüsterte mir immer lustige Geschichten zu.

Währenddessen taumelte ich im Bauch rauf und runter und spielte mit der Nabelschnur. Sie war mein bester Freund, und ich nannte sie „Schnurli". Natürlich wusste ich auch, dass Schnurli eine Art Verbindungskabel zum Buffet war, heute gab es Nudeln und morgen leckeren Auflauf, dazu passend einen frisch gepressten Orangensaft. Mama achtete immer sehr darauf, nur das Allerbeste und Gesündeste zu sich zu nehmen, damit ich mich prächtig entwickeln konnte.

Etwas ganz Wichtiges durfte ich aber nicht aus den Augen verlieren, nämlich den Ausgang aus diesem warmen Paradies. Irgendwann wurde es ja doch etwas langweilig im Tauchzentrum, und da war es gut zu wissen, wie man rauskommt. Mama hat mir durch ihre Gedanken mitgeteilt, was ich tun soll, wenn es soweit ist und sie meine Hilfe braucht.

Endlich war es soweit, der Ausgang öffnete sich, und ich wusste genau, dass ich mit dem Kopf voran durch diese doch sehr kleine Öffnung durch musste. Schwupp die wupp war ich raus, und es war total kalt, und außerdem hatte ich vergessen, mich von Schnurli zu verabschieden, wir waren plötzlich voneinander getrennt.

„Da bist du ja", sagte Papa mit einem breiten Lächeln im Gesicht. Meine Mutter nahm mich sofort in ihre Arme, wo es endlich wieder kuschelig warm wurde, und flüsterte mir in meine kleinen Ohren: „Meine süße, kleine Ella, wir freuen uns, dass du da bist, und heißen dich auf der Erde willkommen. Wir lieben dich und sind – wann immer du uns brauchst – für dich da!"

Manchmal war es schon etwas zu viel. Pausenlos war jemand da, um mich zu bestaunen, aber ich gewöhnte mich schnell daran und schlief einfach tief und fest weiter, sollten diese netten Leute mich doch tragen, es fühlte sich an wie eine große, warme Schaukel.

Ein Problem hatte ich schon! Wie sollte ich mich bemerkbar machen, wenn ich wieder einen Bärenhunger bekam? Mit meinem Freund Schnurli, der mich bei der Geburt verlassen hatte, war alles viel einfacher gewesen. Ich überlegte hin und her, bis ich bemerkte, dass ich komische Laute von mir geben konnte. Die hörten sich in etwa so an: „Äh, Äh, Äh!" Zuerst waren es nur leise Geräusche! Nachdem mich aber keiner hörte, wurde ich lauter, und du wirst es nicht glauben, plötzlich fingen die Erwachsenen an zu laufen und waren richtig besorgt um mich. Sie badeten mich, wechselten die Windel, schaukelten mich in den Armen, doch die „liebe Ella" stellte ihre Sirenen noch immer nicht ab. Die zündende Idee, dass ich Hunger haben könnte, kam von meinem Papa. Er legte mich an Mamas Brust, und meine kleinen Lippen klebten gleich dran wie ein Saugnapf.

Endlich gab es etwas zu essen, und alle waren froh, dass wieder Ruhe einkehrte.

Schon als kleines Baby konnte ich mich sehr schnell fortbewegen! Jeden Morgen krabbelte ich in das Schlafzimmer meiner Eltern. Neben ihrem Bett guckte ich hoch und fing an zu plaudern: „Gaga, Maga, Paga, Uga!" Ich musste nicht lange warten, schon sah meine Mama zu mir hinunter und hob mich ins Bett. Sie kitzelte mich ordentlich durch, und ich lachte, lachte und lachte, bis die Wände wackelten. Mein Papa fragte mich: „Was heißt hier eigentlich Gaga und Paga? Wir heißen Mama und Papa!", und er kitzelte mich weiter. Dabei konnte ich ja schon 4 Wörter, es war trotzdem nicht das richtige Wort dabei.

Nach dem Frühstück und der üblichen Körperpflege spazierten wir in die Natur, um zu sehen, welche Überraschungen diesmal für uns bereit standen. Meistens pflückten wir Obst, Gemüse und Kräuter und lernten dabei die Insektenwelt kennen. Die können einen auch ganz schön kitzeln, wenn sie an dir hochkrabbeln.

Als ich schon etwas größer war, durfte ich ganz alleine auf die große Wiese laufen. Das eine Mal sammelte ich die buntesten Früchte, dann wieder suchte ich nach den seltensten Sorten. Aber immer nur so viel, wie unsere Familie zum Leben benötigte.

Selbstverständlich fragen wir immer die Natur, ob wir etwas von ihren wertvollen Nahrungsmitteln nehmen dürfen. Es soll ja noch genug für die Tiere übrig bleiben! Wenn man sorgsam damit umgeht, ist genug für alle da! Außerdem sind wir auf dieser Erde nur Gäste und achten darauf, dass es allen Lebewesen gut geht.

Was isst du?

Das sind meine Grundnahrungsmittel:
Obst und Gemüse

Es gibt eine Vielfalt an Sorten, die es in deiner Zeit
noch gar nicht gegeben hat, oder?
Kennst Du ein paar dieser Früchte und Gemüsesorten aus deiner Zeit?
Oh, ich glaube, da hat sich ein kleiner, frecher Wurm
mit auf das Bild geschlichen! Findest du ihn?
So ein frecher Kerl!

Mamabaum

Wenn ich das Obst und Gemüse nach Hause gebracht hatte, besuchte ich immer meine Freundin Mamabaum. Sie ist schon über fünfhundert Jahre alt und hat ein süßes, kleines Kind „Babybaum". Der liebt seine Mama wirklich sehr. Babybaum klebt den ganzen Tag und die ganze Nacht an seiner Mama, er ist wirklich sehr liebesbedürftig. Wir drei verstehen uns so gut, dass Mamabaum mir erlaubt hat, an einem ihrer Äste eine Schaukel zu befestigen. Während sie mir unglaubliche Geschichten aus deiner Zeit erzählt, schaukle ich vor Spannung ganz aufgeregt.

Aber zuerst möchte ich dir erzählen, wie ich Mamabaum kennengelernt habe.

Ich lag eines schönen, sonnigen Tages in der Wiese, ganz nah neben ihr. Sie spendete mir einen angenehm kühlen Schatten. Plötzlich sprach eine Stimme: „Hallo, Ella." Ich drehte meinen Kopf nach links und rechts. Da ich nicht erkennen konnte, woher die Stimme kam, wartete ich. Noch einmal hörte ich: „Hallo, liebe Ella." Ich setzte mich auf und sagte: „Warst du das? und blickte zum Baum. „Ja, ich bin Mamabaum und warte schon lange auf dich", antwortete sie mir. Ich spürte eine angenehme Wärme in meinem Herzen, die ich noch nie zuvor verspürt hatte, und ich wusste, das ist ein Gefühl der Liebe. Es war still, dann wieder: „Ella..., möchtest du eine Schaukel an meinem Ast befestigen?" Ich hüpfte sofort auf und sagte: „Oh, ja!" Und das war der Beginn einer wundervollen Freundschaft. Mamabaum ist schon sehr lange auf der Erde und hat schon vieles erlebt. Im Laufe der Zeit fing sie an, mir Geschichten zu erzählen. Sie ist eine meiner Lehrerinnen, sie lehrt mich die Vergangenheit, Erkenntnisse aus deiner Zeit.

Ich möchte auch dir ein paar dieser Geschichten erzählen.

Wie ich bereits erwähnt habe, lebt Mamabaum schon sehr lange. Sie kommt aus einer Zeit, in der die Menschen die Erde beinahe zerstört hätten. Ihre Brüder und Schwestern, ja, auch ihre Kinder wurden alle zu Holz verarbeitet. Holz wurde damals benötigt, um in erster Linie Möbel herzustellen und Heizmaterial zu haben. Heute gibt es Materialien, die viel schneller wachsen und immer wieder verwendet werden können.

Die Menschen wollten auch Mamabaum abholzen. Zum Glück gab es ein paar sehr naturliebende Leute, die sich für sie, ja, sogar für ganze Wälder eingesetzt und somit Mamabaums Leben gerettet haben.

Mamabaum erzählte, dass den Menschen früher Geld unglaublich wichtig war. Sie haben ihm so große Bedeutung gegeben, dass sie vor lauter Gier nach noch mehr Geld sogar die Zerstörung der Natur riskiert haben. Ich fragte Mamabaum: „Was ist eigentlich Geld, ich kenne es nicht?" Sie meinte: „Es genügt, wenn du weißt, dass es aus Metall und Papier, mit Köpfen und Zahlen darauf, bestand. Ihm wurde ein so großer Wert gegeben, dass aus Angst, Gier, Neid und Macht die wahren Werte des Lebens und vor allem die Liebe viel zu kurz gekommen sind." In diesem Augenblick war ich ziemlich froh und glücklich, ohne „Geld" zu leben.

Sie erzählte auch von den Ozeanen, in denen es kaum noch Meerestiere gegeben hat. Sie waren von den Menschen leer gefischt worden, eine Vielfalt an Tieren, die es nirgendwo sonst im Universum zu sehen gab. Die Liste der Tiere, welche vom Aussterben bedroht waren, war bereits größer als die der Tiere, welche noch am Leben waren. Ist das nicht unglaublich? Upps, beinahe hätte ich vergessen, dass dies ja gerade in deiner Zeit passiert. Aber sei unbesorgt, es wird alles gut.

Unvorstellbar, dass es Menschen gab, die kein regelmäßiges Essen hatten und gleichzeitig welche, die das überschüssige Essen in den Müll warfen. Sie sprach von Menschen, die sich gegenseitig Leid zufügten und sich nicht um die Menschen gekümmert haben, die Hilfe gebraucht hätten. Diese Geschichten sind für mich sehr schwer zu verstehen, und ich freue mich umso mehr darüber, dass die Menschen deiner Zeit sich letztlich ein gemeinsames Ziel gesetzt haben, auf einer schönen, friedlichen und vor allem liebevollen Erde zu wohnen. Ich bin sehr glücklich, dass ihr es geschafft habt, denn sonst würde ich heute nicht so ein wundervolles Leben mit all meinen Freunden aus der Natur führen können.

Die für mich schockierendste Geschichte drehte sich darum, dass früher Tiere gegessen wurden, ja, du hast richtig gehört, eine sehr merkwürdige Art, sich zu ernähren! Wozu Tiere essen, wenn wir doch alles haben, was wir zum Leben benötigen! Es wächst auf den Bäumen, Sträuchern, in der Wiese und in der Erde. Ich fragte Mamabaum, ob wir auch von den Tieren gegessen wurden? Sie sagte: „Ja, aber wenn dies passiert ist, dann wurde dieses Tier, welches vielleicht nur sein Junges beschützen wollte, oder aus Angst oder Hunger handelte, bis zur Erschöpfung gejagt und letztendlich getötet! Für mich ist es unvorstellbar, meinen Freunden so etwas anzutun.

Ich war verstummt, brachte keinen Ton mehr heraus. Meine Gedanken kochten, und ich war den Tränen nahe und sagte zu ihr: „Aber, aber... Mamabaum, das versteh ich nicht. Tiere sind doch lebendige Wesen. Sie weinen, wenn sie traurig sind, sorgen sich um ihr Junges und lieben es, haben Freude daran, in der Natur zu springen oder einfach nur in der Wiese zu liegen, und sie haben sogar verstanden, die Welt und die darauf lebenden Wesen zu respektieren. Auch Tiere haben ein Herz, eine Seele, den Verstand und allesamt sind sie einzigartig und bewundernswert!" Mamabaum unterbrach mich und sprach: „Süße, das wissen die Menschen doch jetzt, diese Zeit ist längst vorüber, die Menschheit hat es geschafft, ebenso wie die Tiere die Natur und deren natürlichen Lauf zu respektieren." Ich schnaufte einmal kurz durch, und wieder war ich froh, dass ich in meiner Zeit leben durfte.

Je mehr ich von diesen merkwürdigen und doch sehr traurigen Geschichten hörte, desto mehr hatte ich das Bedürfnis, der Natur Gutes zu tun. Auch du kannst jetzt sofort beginnen, Mutter Erde und allen Lebewesen etwas Gutes zu tun!

Vergleiche doch mal dieses Bild mit dem nächsten Bild.

Kannst Du den Unterschied erkennen?

In deiner Zeit sah die Erde in etwa so aus, sie war wütend, traurig und enttäuscht, was ihre Kinder, damit bist du und deine Mitmenschen gemeint, mit ihr gemacht habt.

So sieht die Erde in meiner Zeit aus. Sie sieht schon sehr glücklich aus, auch wenn noch einige Zeit vergehen wird, bis sie wieder ganz gesund ist und wie ein leuchtend heller Stern ins Weltall strahlt.

Hast du Lust, ein Bild der Erde zu malen, wie du sie dir in Zukunft vorstellst?

Deine Gedanken erschaffen eine neue Welt

Hast du schon einmal darüber nachgedacht, wie mächtig deine Gedanken sind? Was du damit alles anstellen kannst? Ich möchte dir sagen, dass alles, was du denkst, früher oder später in dein Leben treten wird! Jeder Gedanke möchte sich verwirklichen, also pass gut auf und beachte, dass du nur positive, liebevolle Gedanken hast. Du wirst später Miss Berta kennenlernen und von ihr ein passendes Beispiel erfahren.

Jeder Mensch kommt zur Erde, um etwas ganz Besonderes zu vollbringen. Auch du bist in diese Welt geboren, um sie mit deinen Talenten zu verändern. Vielleicht kannst du dich nicht mehr erinnern, aber bevor du geboren wurdest, hast du dir die Aufgaben vorher ausgesucht. Wenn du dich damit beschäftigst, dann wird es dir wieder einfallen und dich noch glücklicher machen. In meinem Lebensplan geht es um das enge Zusammenarbeiten mit der Natur und um die Erschaffung von neuem Leben, es bereitet mir große Freude.

Vorerst bin ich mit der Kreation neuer, farbenprächtiger Blumen beschäftigt. Für die Erschaffung von neuem Leben gibt es Gruppen von Menschen, die gemeinsam mit Mutter Erde entscheiden, wo der Lebensraum für die neuen Tiere und Pflanzen sein soll. In deiner Zeit haben sich die Menschen auf so gut wie alle Teile der Erde verbreitet und der Natur immer weniger Raum gelassen. In meiner Zeit nimmt der Freiraum für die Natur wieder einen weitaus größeren Anteil als wir Menschen in Anspruch.

Mein allergrößter Wunsch ist es, dabei sein zu dürfen, wenn auf einem Planeten in unserem Sonnensystem neues Leben entsteht. Der Mars ist der Erde sehr ähnlich. Ich möchte auf ihm meine tollen Erfindungen zum Einsatz bringen. Es wäre doch super, wenn gleich ein Nachbarplanet bewohnt wäre und wir die Chance bekämen, alles von Anfang an richtig zu machen. Hast du auch eine nützliche Erfindung? Zeichne sie auf, wir können alle Vorschläge gut gebrauchen.

Ich habe auch schon einige Ideen.

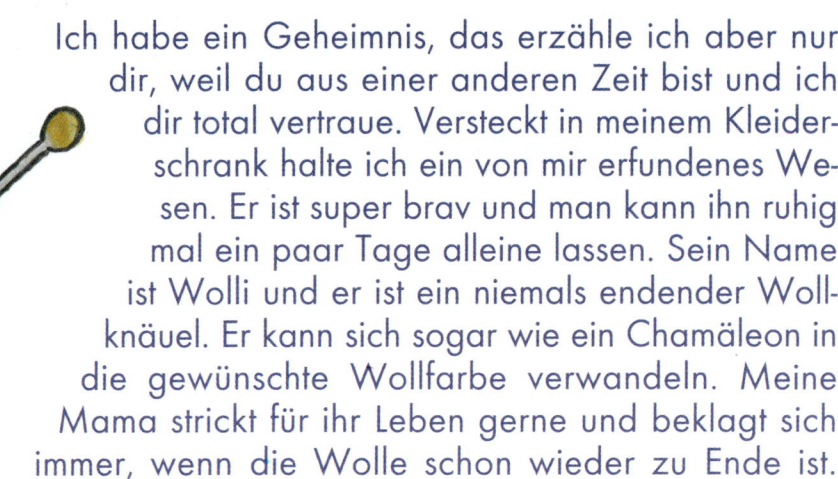

Ich habe ein Geheimnis, das erzähle ich aber nur dir, weil du aus einer anderen Zeit bist und ich dir total vertraue. Versteckt in meinem Kleiderschrank halte ich ein von mir erfundenes Wesen. Er ist super brav und man kann ihn ruhig mal ein paar Tage alleine lassen. Sein Name ist Wolli und er ist ein niemals endender Wollknäuel. Er kann sich sogar wie ein Chamäleon in die gewünschte Wollfarbe verwandeln. Meine Mama strickt für ihr Leben gerne und beklagt sich immer, wenn die Wolle schon wieder zu Ende ist. Wolli wird in naher Zeit ein Geschenk für sie sein.

Dann gibt es noch Müllboy, er kümmert sich erfolgreich um die Verwertung unseres Mülls, er isst alles auf und hat ein hervorragendes Verdauungssystem. Unser derzeitiger Müll besteht ja eigentlich nur aus Naturmaterialien, aber es gibt noch sehr viel Müll aus deiner Zeit, welcher verwertet werden muss, und dafür ist Müllboy bestens geeignet.

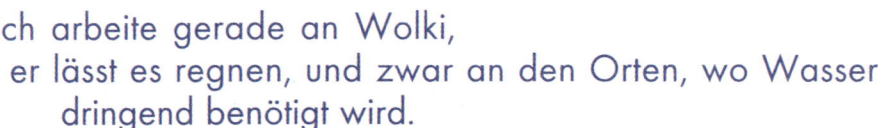

Ich arbeite gerade an Wolki, er lässt es regnen, und zwar an den Orten, wo Wasser dringend benötigt wird.

Kristel ist ein Kristall, welcher über eine ganz besondere Fähigkeit verfügt. Sie erstellt von meinen gedanklichen Blumenkreationen dreidimensionale Hologrammbilder und hilft mir, sie nach meinen Vorstellungen zu verändern. Kristalle funkeln nicht nur wunderschön in den schönsten Farben, sondern sie sind ganz außergewöhnliche Lebewesen. Sie speichern das gesamte Wissen von der Entstehung der Erde bis zum heutigen Tag. Auf ihr endloses Wissen kannst auch du bereits zugreifen, und sie erzählen dir alles, was du gerne wissen möchtest. Probier es einfach mal aus und sei geduldig.

Dann gibt's noch zwei meiner Geschöpfe, für die ich noch keinen Namen und auch keine Aufgabe habe. Kannst du mir da vielleicht helfen? Es reicht, wenn du mir deine Gedanken einfach schickst.

Das geht so: Du denkst dir einen Namen und eine Tätigkeit aus und sagst: „Liebe Ella, er heißt ... und kann ganz gut..." Ich danke dir schon jetzt für deine inspirierenden Gedanken.

Meine derzeitige große Leidenschaft sind die Blumen. Ich leihe mir von der Wiese etwas Blumenerde und verspreche, diese auch baldmöglichst wieder zurückzubringen. Diese geliehene Erde schütte ich in einen Topf und stelle mir in meinen Gedanken eine neue, einzigartige Blume vor, dann warte ich einige Tage ab. Jeden Tag sehe ich nach, ob meine Blume schon aus der Erde guckt oder vielleicht noch etwas mehr Zeit braucht. Dann endlich ist es soweit, es wächst wieder eine meiner neuesten Kreationen heran.

Ich bringe sie, gemeinsam mit meiner Schildkröte „Lady", zurück auf die Wiese, dort soll sie wachsen und erblühen. Bis ich auf der Wiese bin, vergeht sehr viel Zeit, denn Lady ist nicht die schnellste, aber sie gibt sich große Mühe. Es sieht aus, als würde ich schlafwandeln, so langsam sind wir unterwegs. Aber das ist eine gute Übung für mich, denn eine meiner persönlichen Schwächen ist – ich bin total ungeduldig. Bevor ich die Blume einsetze, zeige ich sie noch Mamabaum und Babybaum. Mamabaum ist immer begeistert, Babybaum ist noch immer so verliebt, dass er keine Zeit findet, meine Blume zu begutachten. Aber das macht nichts, die Liebe ist immer das Wertvollste.

Ist es nicht erstaunlich, was man mit den Gedanken alles erreichen kann? Glaube mir, du kannst das auch!

Während Schildkröte Lady sich langsam wieder auf den Rückweg macht, sitze ich noch länger in der Wiese, schnuppere an den Blumen und genieße die Ruhe. Manchmal singen die Blumen ein Lied für mich. Ich habe das Lied für dich aufgeschrieben, es handelt von der Heilung der Erde. Wir haben die wundervolle Gabe, mit Musik die Heilung aller Lebewesen zu beschleunigen. Durch die Musik senden wir all unsere Liebe in die verletzte Zone und die Heilung kann beginnen. Vielleicht haben deine Eltern ein Musikinstrument, dann könntest du es leichter nachsingen. Dieses Lied ist ein Ohrwurm mit wundervollen Auswirkungen. Viel Freude beim Singen!

Mamabaum erzählte mir, dass es in früheren Zeiten kaum noch so richtig schöne Blumenwiesen gegeben hat, und dies war auch Auslöser für mein Handeln. Ganz in unserer Nähe stehen große, alte, unbrauchbare Gebäude, die nach und nach abgetragen werden. Dort entstehen neue Pflanzen und Lebensräume für Tiere. Ich freu mich schon darauf, denn dann komme ich meiner Berufung, Naturwissenschaftlerin zu werden, immer näher.

Liebeslied für Mutter Erde

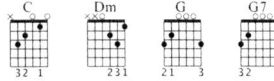

Standard tuning

♩ = 120

S-Gt

C   Dm   C   G

mf

1.Wir sin- gen und ta- n- zen mi- t dem Wind,
Die Me- lo- die zieht üb- ers La- nd
2.Die Men- sch- en, die Tie- re und die Na- tur,
sie füh- len die Schwin- gung der L- ie-

TAB

G   Refrain
G   G7   C

ge- schwind.   Dies tun wir für un- ser- e Mut- ter
be- pur.

TAB

G   G7   Dm

E- r- de   auf das sie ganz rasch ge- sund

TAB

C

wer- de.

TAB

29

Die Geduld auf die Probe stellen

Ich werde in meinem sehr abwechslungsreichen Leben immer wieder damit konfrontiert, dass meine Schwäche meine fehlende Geduld ist. So sah ich an einem schönen, sonnigen Tag in der ewig weiten Wiese einen süßen Hängeohrhasen hoppeln. Ich begrüßte ihn, und was tat er, er flüchtete vor mir, dabei könnte ich keiner Fliege etwas zu Leide tun. Der Ehrgeiz packte mich, und ich stellte mich einer neuen Herausforderung, nämlich mich in Geduld zu üben. Ich nahm mir vor, den Hasen davon zu überzeugen, dass ich eine ganz Liebe bin.

Tja, das war wohl schneller gedacht als getan, denn wo sollte ich anfangen. Der kleine Hoppel war ja schon weg, wenn ich einmal nieste. Meine erste Idee war, ihm etwas Gemüse auf seine Lieblingsstelle zu legen. Obst und Gemüse gibt es ja wie Halme im Gras. Jeden Tag nach dem Frühstück lief ich hinaus an dieselbe Stelle und sah, dass mein Gemüse nicht mehr dalag. Ich beschloss, einen Schritt weiterzugehen, legte wieder etwas Futter hin und setzte mich regungslos und ohne zu atmen in die Wiese. Die Luft konnte ich natürlich nicht lange anhalten, aber das musste ja auch nicht unbedingt sein.

Ich saß da, wartete und wartete, und es waren bereits zwei Augenblicke vergangen. Fünf Augenblicke später war immer noch kein Hoppel zu sehen, und nach etwa zehn Augenblicken war mir viel zu langweilig. Ich sprang auf und lief nach Hause, holte mir ein Buch, meine Meditationsmatte, etwas Wasser und kehrte wieder zurück in die Wiese. Nun war die Sonne schon sehr tief und das beeindruckende Abendrot zeigte mir, dass die Nacht bald hereinbrechen würde. Meine Mama kam kurz vorbei und setzte sich etwas zu mir. Sie ermutigte mich, nicht aufzugeben, gab mir noch einen Gutenachtkuss, deckte mich zu und sagte zum Abschluss:„Viel Glück, meine Süße!" Es war ein warmer Abend, und ich ließ die Stelle mit dem Gemüse nicht aus den Augen. Irgendwann schlief ich ein, denn es war schon sehr anstrengend, immer auf den gleichen Punkt zu starren, auch wenn der Mond mir half, die Stelle gut auszuleuchten.

Früh morgens weckten mich die Vöglein auf. Verschlafen und nichts ahnend, blickte ich auf die Futterstelle und musste feststellen, dass wieder alles verschwunden war. Tja, da war ich ja wohl selbst schuld, warum musste ich ja auch einschlafen! Beinahe wollte ich schon aufgeben, da bemerkte ich, als ich mich aufsetzte, dass es sehr kuschelig bei meinen Zehen war. Es war so unglaublich, aber Hoppel schlief zu meinen Füßen. Er war so süß, und ich wollte ihn nicht aufwecken. Er sah ein bisschen so aus, als hätte er eine ganze Melone verschluckt. So ein Hase kann ganz schön viel fressen. Ich deckte Hoppel mit meiner Decke zu, ging nach Hause zurück und berichtete meiner Mutter von meinem Abenteuer.

Seither gehe ich jeden Tag meinen neuen Freund Hoppel besuchen und streicheln, denn es gibt kein Tier, das so ein kuscheliges Fell hat wie er.

Die Nacht bricht an

Nach meinen tollen Erlebnissen muss ich natürlich meinem Körper etwas Ruhe gönnen und mache deshalb jeden Abend vor dem Einschlafen eine ganz besondere Sache. Das ist sehr wichtig, denn diese paar Augenblicke geben mir die Kraft, meine Reisen in der Nacht und meine Abenteuer am nächsten Tag mit jeder Menge Power bestehen zu können. Alles, was ich kann, kannst auch du, und noch viel mehr.

Grizzly, mein Teddy, und ich putzen uns noch die Zähne und legen uns für diese Übung ins Bettchen. Wir schließen die Augen, stellen uns gedanklich in eine Säule aus reinstem göttlichem Licht, die in allen Farben des Regenbogens erstrahlt. Jede Farbe steht für eine ganz besondere Energie, und während wir schlafen und im Traum auf Reisen gehen, werden wir durch das Licht mit frischer Energie aufgeladen. Am nächsten Morgen fühlen wir uns wie neu geboren. Probiere es einmal aus, es ist total cool.

Ist es dir auch schon passiert, du wachst morgens auf und dir kommt vor, dein Traum war wie echt, als wäre er wirklich passiert? Jeder Mensch verreist in der Nacht. Während sich der Körper von den Abenteuern erholt und mit neuer Energie auflädt, verlässt deine Seele den Körper und geht auf Reisen.

Dein Körper, den du hast, ist quasi ein Zuhause für Seele und Geist. Die Seele ist der göttliche Funke, der in deinem Herzen wohnt. Sie brennt darauf, immer neue Erfahrungen zu machen und das Leben zu erforschen. Ein paar Kapitel später erkläre ich dir, wer oder was die Seele ist.

Um den Körper fit zu halten, bewegen wir uns tagsüber viel, sind viel an der frischen Luft und ernähren uns gesund. In der Nacht gönnen wir ihm Ruhe und Erholung. Wie du weißt, hat unser Körper ein Verfallsdatum, das ist aber nicht schlimm, denn die Seele und der Geist verschmelzen miteinander und werden in einem neuen Körper wiedergeboren. Das ist ein ganz natürlicher Prozess. Letztendlich geht es darum, Erfahrungen zu machen, und zwar so viele wie möglich. Und in so einem tollen Körper, wie du einen hast, kannst du ganz wunderbare Sachen vollbringen. Also, achte auf ihn.

Letzte Nacht reiste ich zu den Sternen und traf meine Freunde Schnuppi und Star. Die beiden freuen sich immer sehr, wenn ich sie besuche. Wir besprechen dann Reisepläne, denn sie kennen sich wirklich sehr gut aus im Weltall und sind hervorragende Reiseführer. Wenn das Reiseziel feststeht, dann halte ich mich einfach an Schnuppis Schweif fest, und wir zischen los durchs All zum nächsten Abenteuer.

Diesmal waren wir auf dem Weg zum Planeten Greg. Dort wohnen meine kleinen, grünen Freunde. War schon ein paar Nächte her, als ich das letzte Mal dort war. Anscheinend hatte ich ihnen schon gefehlt, denn sie erwarteten mich schon sehnsüchtig. Sie haben keine Namen, sehen fast alle gleich aus und trotzdem kann ich sie voneinander unterscheiden. Der Eine ist immer müde, der Andere geht ganz kleine Schritte, dem Nächsten fehlt eine Kopfantenne, und Einer ist mein allerbester Planetenfreund, ich nenne ihn Grüni. Er nimmt mich immer bei der Hand und zeigt mir alle Neuigkeiten auf dem Planeten Greg. Ich mag Grüni sehr gerne. Wir benutzen hier oben keine gemeinsame Sprache, aber das macht gar nichts, wir verstehen uns auch so. Grüni ist aber sehr bemüht, unsere Sprache zu lernen, und ich helfe ihm dabei. Einstweilen unterhalten wir uns mit Händen und Füßen sowie mit unserem facettenreichen Gesicht. Damit können wir ausdrücken, ob wir lustig oder traurig, aufgeregt oder gelangweilt, cool oder verliebt sind und noch Unzähliges mehr. Wer braucht hier noch eine Sprache! Kleine Kinder verstehen sich auch und können noch gar nicht sprechen, und nicht zu vergessen, die Tierwelt hat ebenso keine einheitliche Sprache. Wir unterhalten uns über unsere Gedanken, man nennt das Telepathie, hast du schon einmal davon gehört?

Doch die wichtigste Wahrnehmung für mich ist die energetische Schwingung. Ich spüre diese Schwingung in meinem Herzen. Ohne nur ein Wort mit einem fremden Menschen gesprochen zu haben, spüre ich sofort, ob diese Person gut gelaunt ist oder ob ich sie lieber in Ruhe lasse. Das kennst du doch auch, oder?

In der Früh wachte ich mit einem Lächeln auf und nahm mir vor, bereits die kommende Nacht wieder dorthin zu reisen und meine Abenteuer fortzusetzen.

Lerne aus dem Leben!

Bei uns gibt es keine Schulen. Hier bestimme ich, was und von wem ich gerne lernen möchte, und lernen kann man immer und überall.

Miss Berta, sie ist gerade 120 Jahre geworden, hat schon so viel erlebt, und ich lausche ihren Geschichten voll Spannung. Ich hab sie sehr lieb, denn sie hat eine sehr ruhige Art, mir das Wichtigste für mein Leben beizubringen. Sie zeigt mir Situationen aus ihrem Leben und deren Auswirkungen.

Zum Beispiel hatte sie vor vielen Jahren noch mit dem Gefühl Angst zu tun. Sie selbst ist Mutter von fünf Kindern, und das kleinste Kind Finni war ihr Sorgenkind. Sie hatte stets Angst um sie. Diese Angst war eines Tages der Auslöser für eine unangenehme Situation. Miss Berta sagte jeden Tag in der Früh: „Finni, zieh dich ordentlich an, sonst wirst du krank!" Finni zog sich an, machte aber den Reißverschluss nicht ordentlich zu und ging so hinaus in die eisige Winterkälte.

Ein paar Tage später lag Finni mit hohem Fieber im Bett und konnte nicht aufstehen. Miss Berta war etwas traurig, denn sie hatte ja zu ihrer Tochter gesagt, dass sie sich warm anziehen sollte. Sofort versorgte sie ihre Tochter mit den nötigen Mitteln, damit sie ganz schnell wieder gesund würde. Plötzlich hörte sie eine innere Stimme: „Berta, liebste Berta. Hör auf, dir immer Sorgen zu machen, hör auf, deine Gedanken so negativ zu gestalten, und hör auch damit auf, Angst zu haben. Vertraue darauf, dass alles gut ist!"

Plötzlich fühlte sie ein unbeschreiblich warmes Glücksgefühl und atmete tief ein und lange aus. Seit diesem Zeitpunkt vertraut Berta darauf, dass immer alles gut ist und es keinen Grund gibt, Angst zu haben. Sie vertraut in das Leben, und Finni wurde wieder gesund und munter.

Ich habe für mich gelernt, dass ich meine Gedanken immer positiv halte, denn die Gedankenkraft ist unglaublich stark. Wie du schon weißt, möchten deine Gedanken Wirklichkeit werden.

Ein weiterer Lehrer ist Professor Drachkam. Er ist mit seinen 760 Jahren noch viel älter als Miss Berta und sogar älter als Mamabaum. Mit ihm reite ich durch die ganze Welt und er zeigt mir all die Sehenswürdigkeiten, die Mutter Erde zu bieten hat. Wir schlüpfen durch ein Portal, das aus zwei Toren besteht.

Ein Tor steht ganz in der Nähe von meinem Zuhause, und je nachdem wohin die Reise geht, öffnet Drachkam das zweite Tor. Zuletzt stiegen wir durch das Portal und landeten im selben Augenblick in der weit entfernten Wüste. Reisen ist so toll, und ich liebe es, wieder etwas Neues über die Erde zu erfahren. Ich sammle dieses Wissen, um eine noch bessere Naturwissenschaftlerin zu werden.

Hier auf diesem Bild zeigt mir Professor Drachkam, warum es Wüsten gibt, wozu sie gut sind und wie Lebewesen trotz extremster Bedingungen existieren können. Wusstest du, dass es in Wüsten kaum regnet, aber wenn es doch mal regnet, dann kurz und heftig. Gleich nach dem Regen blühen die schönsten Wüstenblumen auf und das einst so verlassene, trockene Land wird für ein paar Tage zum Paradies. Es war total beeindruckend, und ich habe viel für meine Blumenkreationen gelernt.

Es gibt sie wirklich

Ich habe immer schon gewusst, dass es diese lieblich zarten und wunderschönen Elfen gibt. Eines Tages marschierte ich in Richtung Teich, um dort die Babyfische zu füttern, die mich schon freudig erwarteten. Kurz bevor ich dort ankam, hörte ich ein zartes Stimmchen ein wundervolles Lied summen. Vorsichtig schob ich das dichte Schilf zur Seite und sah auf den kleinen Teich. Es war genauso, wie ich es mir gedacht hatte, und ich freute mich, endlich einer echten Elfe hautnah zu begegnen.

Sie sah sich ein Buch an und hatte keine Ahnung, dass ich sie durch das Gras beobachtete. Ich lag sehr lange da und konnte die Augen nicht von ihr lassen. Es war ein kleiner Traum für mich in Erfüllung gegangen. Ich hätte echt gerne mit ihr gesprochen, doch sie sah so zufrieden aus, dass ich sie nicht stören wollte. Nach einiger Zeit verschwand ich wieder still, heimlich und leise. Ich hopste fröhlich nach Hause und spürte wieder diese unbeschreiblich wundervolle Wärme in meinem Herzen.

Du sollst wissen, dass es unendlich viele Naturwesen gibt. Ich will dir nun auch die Begegnung mit meinen anderen Freunden erzählen. Diese Geschöpfe sind in deiner Zeit sehr schwer zu erkennen, denn die Menschen haben aufgehört, an sie zu glauben, und daher halten sie sich verborgen.

Den Zugang in diese für dich noch fast unsichtbare Welt ermöglicht dir die Zauber-fee. Sie ist die Verbindung aller Wesen aus dem Wald. Ich selbst habe lange auf sie gewartet und immer wieder darum gebeten, sie zu treffen. Eines Tages war es soweit, denn sie entscheidet, wann du dafür bereit bist. Plötzlich stand sie da am Waldrand, und ich konnte es kaum fassen. Sie blickte mich an und sprach: „Kommt heute abend, nachdem die Sonne hinter dem Horizont verschwunden ist, an den Waldrand. Ich warte dort auf euch!" Im nächsten Augenblick war sie verschwunden. Dabei wollte ich noch unbedingt ih-ren Namen wissen, und wen meinte sie mit „euch"? Ich durfte jemanden mitnehmen und dachte sofort an Raul, der mir immer Blumen schenkt.

Raul ist einer meiner besten Freunde, ich glaube, mit ihm werde ich mein Leben verbringen, Kin-der bekommen und so weiter. Doch ich habe noch einen rothaarigen Freund, Bug, er hat sich auch total in mich verguckt. Jetzt komme ich aber vom Thema ab, und ein bisschen rot bin ich auch im Gesicht.

Aufgeregt lief ich zu Raul und erzählte ihm von meiner Entde-ckung. Den ganzen, langen Tag starrten wir ungeduldig aus dem Fenster. Wir beobachteten die Sonne und sagten immer und immer wieder: „Liebe Sonne, geh jetzt fort, liebe Sonne, geh jetzt fort, ..." Endlich wurde es dunkel.

Gemeinsam liefen wir zum Waldrand, und wie sie es versprochen hatte, stand sie da und wartete auf uns. Sie nahm uns bei der Hand, und wir gingen in den Wald. Ich fragte die Fee: „Liebe Waldfee, darf ich deinen Namen wissen?" Darauf antwortete sie: „Mein Name ist Saphira." Mein Herz klopfte, ich war so glücklich, ihren Namen zu kennen. Plötzlich blieben wir stehen, sie bat uns, kurz zu warten, und verschwand wieder. Wir blickten uns um und sahen einen ganz normalen Wald, Bäume, Gras, Blätter und kleine Insekten. Doch wir vernahmen kein einziges Geräusch, es war mucksmäuschenstill. Dann sprach Saphiras Stimme aus dem Wald: „Schließt eure Augen, haltet sie fest geschlossen und denkt an etwas Wunderbares, etwas, was ihr noch nie zuvor gesehen habt. Dann öffnet eure Äuglein ganz langsam."

Gesagt, getan, wir öffneten unsere Augen. Der Anblick war überwältigend, wir sahen den Mond, er lachte, wir sahen die Elfen, sie summten ein Lied, wir sahen Zwerge, und sie redeten sehr schnell. Die Bäume tanzten mit dem Wind, und Eulen stimmten sich für die Nacht ein. Es war unsagbar schön. Da diese Waldwesen sehr schüchtern waren, haben wir uns erstmal nicht bemerkbar gemacht und blieben im Hintergrund. Wir beobachteten sie und genossen den Abend.

Die Zwerge sind sehr fleißig, sie kümmern sich darum, dass immer genug Pilze, Bäume, Tiere und Leben im Wald sind, sie sorgen für das Gleichgewicht im Wald. Die Elfen bringen Spaß und viel Liebe in den Wald, so ist gewährleistet, dass die Waldwesen glücklich sind. Diese lieblichen Wesen gibt es schon so lange, doch gesehen haben sie nur wenige Menschen. Sie sind immer da, auch wenn man sie nicht sehen kann. Wer das Gesetz der Liebe verstanden hat und es auch von Herzen lebt, der sieht auch diese lieblichen Geschöpfe.

Während wir die Wesen des Waldes beobachteten, ahnten wir nicht, dass uns ein paar Eulen entdeckt hatten. Da hörten wir plötzlich die Flügel der Eulen neben uns schlagen, und sie sagten: „So, so, du bist also das Mädchen Ella und du bist der Junge Raul. Wir haben viel von euch gehört!" Ich erwiderte erschrocken: „Entschuldigt bitte, aber mit euch lieben Eulen habe wir nun wirklich nicht gerechnet, wir waren doch so leise, damit wir niemanden stören." „Ja, das stimmt, wenn uns die Fee Saphira nicht gesagt hätte, dass ihr irgendwo hier im Wald seid, hätten wir euch auch nicht gehört und gefunden. Die Fee Saphira bat uns, jedem von euch einen Wunsch zu erfüllen, denn ihr seid sehr liebenswerte Menschenkinder und blickt der Welt mit sehr viel Liebe entgegen. Was wünschst du dir, Ella?" fragte eine Eule. „Bevor ich meinen Wunsch äußere, nennt mir doch bitte eure Namen?" bat ich sie. „Das ist Gnobl – der Liebenswerte mit den Glupschaugen (Karo), er ist Bred – der Gelangweilte (Blume), dann noch Sir – der Besserwisser (Kreis), und zu guter Letzt meine Wenigkeit, Heini – der Liebenswerte (Herz).

Nun dein Wunsch, kleine Ella!" sprach Heini ungeduldig. „Ich liebe es zu fliegen, könnt ihr mir den Wald von oben zeigen?" fragte ich voller Vorfreude. So schnell konnte ich gar nicht schauen, wie sie mich an meinen Armen und Kleidern schnappten und mit mir über die Baumwipfel flogen. Es war gewaltig schön, über mir leuchteten die Sterne und der Mond auf die Erde hinab und unter mir schimmerten die Baumspitzen empor. In den Baumkronen schliefen die Vögel, und der Himmel war bedeckt mit Sternschnuppen. Ich bekam kein Wort heraus, konnte nicht lachen und nicht weinen. Mein Mund stand weit offen und ich genoss die Zeit – welche offenbar stillstand.

Sanft glitten die Eulen in Richtung Erde und setzten mich wieder ab. Raul war an der Reihe, er wünschte sich ein kurvenreiches Rennen durch den Wald. Als er wieder zurückkam, standen ihm alle Haare zu Berge und seine Augen kugelten im Kreis herum. Er hatte ein sehr zufriedenes Lächeln im Gesicht.

Wir bedankten uns, und ich knuddelte nochmals alle vier so richtig durch. Gnobl wollte mich nicht mehr loslassen, bis Sir sagte: „Gnobl, komm schon, Ella muss wieder ins Bett, sie braucht ihren Schlaf!" Er nuschelte: „Gleich, nur noch einen Moment!" Der Moment dauerte noch ewig, aber mir machte es nichts aus. Seit dieser Nacht ist Gnobl für mich nicht mehr der Liebenswerte, sondern die Kuscheleule.

In dieser Nacht schlief ich besonders gut und träumte von meinem sensationellen Eulenflug.

Nur Mut, Glitschgo!

Ich habe einen sehr guten Freund, sein Name ist „Glitschgo". Glitschgo ist ein Frosch, nein, eigentlich ein Riesenfrosch. Wir wurden am selben Tag geboren und erkannten schnell unsere freundschaftliche Liebe zueinander.

Glitschgo badet den ganzen langen Tag im Teich der Elfen. Zwischen Schilf und Halmen wartet er auf seine Chance. Er wartet lange, bis er endlich eine bekommt. Dann streckt er seine glitschig lange und sehr klebrige Zunge weit raus und schnappt sich eine Fliege. Die meisten Fliegen sind sehr schlau und fliegen erst gar nicht bei Glitschgo vorbei, doch hin und wieder passiert es, dass ein Insekt, verzaubert von der Schönheit des Teiches, den falschen Weg einschlägt und als Mittagessen endet. Ich beobachtete Glitschgo lange und mir fiel auf, dass er immer Tag ein und Tag aus, auf demselben Platz saß. So fragte ich ihn eines Tages, ob er denn mit mir etwas unternehmen wolle. Er antwortete: „Quack, lieber nicht!" „Was soll das heißen, du sitzt doch eh nur den ganzen Tag auf demselben Platz!" antwortete ich. Wir diskutierten lange, bis ich schließlich bemerkte, dass Glitschgo ein totaler Feigling war. Er fürchtete sich vor allem und jedem, außer vor ganz winzigen Insekten. Bei den größeren Exemplaren taucht er schnell ins Wasser und versteckt sich unter einer Seerose.

Ich redete viel auf ihn ein, zeigte ihm, dass man sich vor nichts zu fürchten braucht, weil jeder auf dieser wunderbaren Welt jeden unterstützt. So ist das hier in meiner Zeit und in deiner Zukunft. Ich bemerkte in seinen kugelrunden Augen, dass er schon neugierig wurde, aber er war stur, und die Angst stand ihm ins Gesicht geschrieben. Also musste ich mir etwas anderes einfallen lassen.

Ich schnappte mir all meine Freunde am Teich zu einer Besprechung. Alle wussten um die Angst von Glitschgo. Da hatte Babybaum eine geniale Idee. Wir könnten

ihm doch zeigen, wie es ist zu fliegen. Sofort waren alle begeistert und jubelten. Glitschgo spürte, dass hier etwas nicht ganz mit rechten Dingen vorging und wartete ängstlich auf seinem im Wasser schwimmenden Blatt.

Auf los geht's los! Ich fing an, über das Wasser zu gleiten, gemeinsam mit Libelle Lisa und den Zwillingsschmetterlingen Eva und Silvy. Auch die Fische Bella und Karin begleiteten uns. Wir lachten und freuten uns. Als wir über Glitschgo flogen, sahen wir, dass er großes Interesse zeigte. Du musst wissen, dass meine Lieblingsbeschäftigung das Fliegen ist und es für mich nichts Schöneres gibt. Oh, ich habe ja vergessen dir zu sagen, dass auch du bald erfahren wirst, wie ein Mensch ganz ohne Flügel und Fluggerät die Schwerkraft überwinden kann. Und schon wieder hast du eine geniale Neuigkeit erfahren, freu dich darauf.

Wir steckten Glitschgo so sehr mit unserer Freude an, dass er auch fliegen wollte. Aber er hatte natürlich keine Ahnung, wie. Er schrie ganz laut: „Ella, Ella, ich möchte auch fliegen! Quack, aber ich brauch deine Hilfe! Bitte!"

Blitzschnell flog ich nach Hause, schnappte mir zwei Luftballons, und schon war ich wieder am Teich. Glitschgo sprang auf und ab und konnte es gar nicht erwarten. Ich bastelte aus zwei Luftballonen und etwas Schilf ein sicheres Flugobjekt, an dem er sich problemlos mit seinen glitschigen Vorderbeinen festhalten konnte. Es war für Glitschgo wie ein Wunder. Tag ein, Tag aus hatte er nicht von seinem Platz rücken wollen, und plötzlich konnte er es nicht mehr erwarten loszufliegen.

Und los ging die Reise in die Lüfte. Glitschgo grinste von einem Ohr bis zum anderen und war so verzaubert, dass er keinen Ton herausbrachte. Er genoss es, schwerelos der Sonne entgegenzufliegen. Seit diesem Tag ist Glitschgo kaum wiederzuerkennen, er kann es kaum erwarten, mit mir und all unseren Freunden neue Abenteuer zu erleben. Wie du siehst, verpassen Angstfrösche die besten Abenteuer.

Ich mag dich so, wie du bist

Wenn ich mal hoch hinaus will, dann besuche ich Emma, die Giraffe. Sie frisst den ganzen Tag die Blätter von den Bäumen und hat den wohl absolut besten Ausblick. Wenn ich neben ihr stehe, dann reiche ich ihr höchstens bis zu den Knöcheln, so groß ist Emma.

Über einen Baum gelange ich auf ihren Rücken und halte mich an ihrem langen Hals fest. Erst mal oben angekommen, bleibt einem bei dieser Aussicht der Atem weg, so wundervoll ist es. Noch dazu ist sie so kuschelig, ich liebe es, meine Wangen an sie zu drücken. Emma ist ebenso wie viele andere Lebewesen eine sehr gute Lehrerin für mich. Sie hilft mir, den Überblick zu behalten und nicht über Entscheidungen anderer Menschen zu urteilen. Urteilst du über jemand Anderen, dann urteilst du über dich selbst. Denn es ist total egal, wie jemand spricht, es macht gar nichts, wie jemand aussieht, und jeder darf selbst bestimmen, wer er gerne sein möchte.

Solange du über andere Menschen meckerst, bist du dem eigentlichen Ziel des Lebens nicht näher gekommen, nämlich der bedingungslosen **Liebe**.

Dir ist bestimmt schon aufgefallen, dass jeder meiner Freunde auf eine ganz bestimmte Art und Weise ungewöhnlich aussieht, ja, man könnte sie vielleicht sogar als sonderbar bezeichnen. Ist das ein Grund, mit ihnen keine Freundschaft zu schließen? Nein, natürlich nicht, denn einen wahren Freund erkennt man nicht an seinem Aussehen, sondern an seinem Herzen. Ein echter Freund akzeptiert dich so, wie du bist, und möchte für dich nur das Allerbeste, ohne von dir etwas zu erwarten. Hast du auch so tolle Freunde wie ich?

Ein gutes Beispiel ist meine Freundin Tai, sie ist grün im Gesicht. Von ihr habe ich gelernt, dass jeder einzigartig ist und jede Besonderheit, auch wenn sie noch so ungewöhnlich ist, einen bestimmten Grund hat.

Tai ernährt sich nur vom Licht und wirkt auf mich sehr geheimnisvoll. Sie liebt die Tiere und die Natur über alles, tut sehr viel, um die Erde zu heilen, und hilft, wann und wo auch immer sie gebraucht wird. Obwohl sie eine ausgesprochen wichtige Aufgabe erfüllt, kann ich mit ihr den größten Spaß haben.

Bei einer Spontanaktion im Sumpfgebiet retteten Tai und ich ein kleines Wildschwein. Es steckte tief im Schlamm fest und quiekte vor Angst. Tai sprang ohne nachzudenken in den Sumpf und zog das Schweinchen mit aller Kraft heraus. Dabei blieben zuerst der rechte und dann auch noch der linke Gummistiefel im Schlamm stecken. Das Wildschwein lief sofort zu seiner Mutter und Tai guckte verdutzt zu ihren Beinen. Im selben Augenblick sprang sie kopfüber in das Schlammloch und rettete auch noch ihre beiden, bis zum Rand mit Schlamm gefüllten, Gummistiefel. Wie sie danach ausgesehen hat, kannst du dir sicherlich gut vorstellen. Wir haben uns den ganzen Rückweg vor Lachen nicht mehr eingekriegt.

Ein ganz besonders schräger Vogel ist Nanu. Er versteht es wie kaum ein anderer, das Leben zu genießen, ihn regt nichts auf, und er ist für jeden Spaß zu haben.

Nanu sieht zwar nicht danach aus, aber am meisten Freude hat er, wenn er mit den Mädchen spielen darf.

An einem verregneten Tag lud ich alle meine Freundinnen zu mir ein, um eine Modenschau zu machen. Natürlich durfte ich Nanu nicht vergessen, ich kenne ja seine Leidenschaft für Mädchenkram. Alle brachten ihre exotischsten Kleider, Hüte, Brillen, Schmuck und Schuhe mit, und Nanu kümmerte sich um die passende Musik. Und siehe da, plötzlich steckte er in einem meiner Kleider, und wenn sein auffälliges Gesicht ihn nicht verraten hätte, hätte man ihn glatt mit einem Mädchen verwechseln können. Was für ein Spaß!

Aus diesem Grund schätze ich Nanu sehr, denn er kennt ganz und gar keine Vorurteile.

Entspannung pur

Wenn ich den ganzen langen Tag so viele lustige und lehrreiche Erlebnisse gehabt habe, lege ich mich gerne mal in meine selbst erschaffene Blumenwiese. Gemeinsam mit Grizzly lasse ich es mir so richtig gut gehen. In dieser entspannten Zeit bin ich total kreativ.

So fiel mir eines Tages ein, dass ich dir dieses Buch schicken könnte, um dir zu zeigen, wie schön das Leben in deiner sehr nahen Zukunft sein wird. Mamabaum hat mir ja immer sehr viel aus deiner Zeit erzählt, und irgendwie fühlte ich mich dazu berufen, dir mitzuteilen, dass du nicht mehr allzulange darauf warten musst, bis du dein Leben richtig neu durchstarten kannst und das machen kannst, was wirklich in dir steckt.

Ich wusste nur nicht genau, wie dieses Buch, an dem ich viele Wochen gezeichnet und geschrieben habe, in deine Zeit gelangen sollte. Aber wie immer vertraute ich darauf, dass sich auch dieses Problemchen von ganz alleine lösen wird. Weißt du, ich denke immer wieder darüber nach, was ich beitragen kann, damit es jemandem oder vielleicht sogar der gesamten Welt besser geht. Das ist mein ganz großes Ziel, und daran arbeite ich fast täglich. Du ahnst gar nicht, wie viel Freude es mir bereitet, dir dieses Buch zu schicken, damit du meine Welt kennen und verstehen lernen kannst. Ich will dir damit helfen, dass die Welt in deiner Zeit sobald wie möglich so wunderschön werden kann wie die meine. So, nun kennst du meine Gründe, warum ich tue, was ich tue. Willst du mir auch deine Ziele verraten?

Helene bekommt Nachwuchs

Eine meiner Lieblingsbeschäftigungen ist es, meine Freundin Helene im Wald zu besuchen. Sie ist eine Spinne und erwartet in Kürze ihre Babys. Ich war schon total aufgeregt, denn sie wurde das allererste Mal Mami. In den letzten Tagen war ich häufig bei ihr zu Besuch. Auf keinen Fall wollte ich die Geburt der Kleinen versäumen.

Eines Nachts, ich hatte schon sehr tief geschlafen, wachte ich auf. Irgendwie konnte ich in dieser besagten Nacht auch nicht verreisen. Plötzlich musste ich ganz intensiv an Helene denken. Schnell sprang ich aus dem Bett und rannte im Nachthemd aus dem Haus, über die Wiese in den Wald zu Helenes Spinnennetz. Helene sah mich mit leuchtenden Augen an und sagte: „Ella, schön, dass du da bist! Es ist soweit! Meine Babys werden nun aus ihren Eiern schlüpfen." „Oh, Helene, das ist ja wunderbar, ich freue mich so für dich!" flüsterte ich leise.

Ein Spinnlein nach dem anderen schlüpfte aus dem Ei. Sie waren kräftige, kleine Babys, denn, kaum geschlüpft, krabbelten sie schon grinsend im Netz umher. Ach, waren die niedlich. Ich streckte ihnen meinen Finger entgegen und sie kletterten hinauf. Eines nach dem anderen. Helene gab ihnen keine Namen, da sie gleich nach der Geburt ihr Zuhause verlassen, um ein eigenes zu bauen. Ich nannte die drei Kleinen Eins, Zwei und Drei. Mit bloßem Auge konnte man die Kleinen nicht unterscheiden, höchstens mit einer Lupe. Nun hatte ich noch drei weitere Freunde.

Von Mamabaum weiß ich, dass die Menschen früher oft panische Angst vor Spinnen und anderen Kriechtieren hatten. Ist das wirklich so? Du hast doch keine Angst vor diesen Winzlingen? Oder doch?

Mir ist wichtig, dass du verstehst, dass jedes Lebewesen – egal ob klein oder groß, ob Pflanze, Tier oder Mensch – eine bedeutende Funktion im Kreislauf des Lebens erfüllt. Nur wenn alle ungestört ihre Aufgabe erfüllen können, ist das Leben im Gleichgewicht und alle sind glücklich und zufrieden.

Der Brunnen der Vergangenheit

Du wirst es nicht glauben, aber ich hatte eine geniale Idee, wie ich dir das Buch schicken könnte! Ich wollte eine Zeitreise unternehmen, was in meiner Zeit durchaus möglich ist. Mamabaum war von dieser Idee nicht sehr begeistert, doch mir erschien es als der einfachste Weg. Sie sagte mir, dass die Menschen in deiner Zeit ja nur an das glauben, was sie sehen und berühren können. Stell dir vor, ich stehe plötzlich vor dir und erzähle dir, dass ich aus der Zukunft komme, würdest du mir glauben? Du vielleicht schon, aber was ist mit den Erwachsenen? Dann war für mich klar, ich musste mir eine andere Lösung einfallen lassen, wie das Buch in deine Hände gelangt.

Wie jeden Tag tanzte ich durch das hohe Gras, vorbei an meinen Blumen, und sang ein fröhliches Lied. Auf einmal hörte ich Stimmen aus dem Wald. „Ella, kleine Ella, geh weiter zum Waldrand!" riefen sie. Ich hörte noch genauer hin. Wieder diese lieblichen Stimmen: „Kleine Ella, geh weiter den Waldrand entlang und halte Ausschau nach der größten Tanne!" Jippi, dachte ich, wieder eine Waldfee. Dort angekommen, stand ich plötzlich vor einem Brunnen. Ich wunderte mich, dass ich diesen noch nie zuvor bemerkt hatte, denn ich kenne diese Gegend wie meine Hosentasche.

Neben diesem geheimnisvollen Brunnen standen drei große, lustig aussehende Blumen. Sie flüsterten etwas. Ich konnte beim besten Willen nichts verstehen, so ein Durcheinander war das. Höflich bat ich die drei Blumen: „Liebe, schöne Blumen, ich kann euch leider nicht verstehen, könntet ihr etwas lauter und nicht so durcheinander sprechen?" Und da konnte ich endlich verstehen, was sie mir sagen wollten.

Die Blume mit der spitzen Nase entschuldigte sich: „Es tut uns leid, aber wir haben schon einundvierzigtausendachthundertzweiundzwanzig Jahre kein Menschchen mehr gesehen. Wir sind etwas aus dem Rhythmus gekommen. Wir dachten schon, es gibt keine Menschchen mehr. Verzeih uns, wir werden uns bemühen, unseren Auftrag so deutlich wie möglich zu sprechen. Hör genau zu!

Der Brunnen hier, er ist geheim,
doch hast du ihn gefunden, wirf etwas hinein.
Die Dinge fallen tief und weit
und landen stets in der Vergangenheit.

Wenn du reinen Herzens bist
und dein Leben voller Liebe ist,
dann geh zum Brunnen der Vergangenheit
und wirf Dein Buch zurück in die Zeit.

Die drei Blumen hatten noch nicht einmal fertig gesprochen, da lief ich schon nach Hause, um mein bereits fertiges Buch zu holen. Wieder zurück beim Brunnen der Vergangenheit, drückte ich meinem Buch noch einen Kuss auf und warf es voller Vertrauen, dass es dich erreichen wird, hinein. Es fiel sehr lange, denn der Brunnen war unendlich tief. Ich hörte nichts, es fiel und fiel und fiel. Vielleicht fällt es ja immer noch und landet in der Zeit der Dinosaurier? Na, das möchte ich nicht hoffen, denn ich habe ganz stark dabei an dich gedacht, spürst du es?

Komm mit, wir besuchen deine Seele!

Jeder Mensch, jedes Tier, ja, jedes Lebewesen besitzt eine Seele. Die Seele ist der wichtigste Bestandteil des Lebens. Sie ist der Hauch des Lebens und kommt immer mit einem perfekt ausgedachten Plan in einen Körper.

Dein Körper mit all seinen Sinnesorganen (Sehen, Hören, Schmecken, Riechen und Fühlen) ist das perfekt Werkzeug, um das Leben auf einem Planeten zu meistern. Diesen kannst du, so wie alle anderen Gegenstände, sehen und angreifen. Ein Mensch besteht jedoch aus zwei lebendigen Formen, die im Leben auf der Erde untrennbar miteinander verbunden sind. Zum einen der Körper und zum anderen die Seele. Die Seele benötigt den Körper, um alles zu erfahren, was das Leben zu bieten hat: freudige und traurige Momente, Aha-Augenblicke, deinen Charakter, dein Leuchten in den Augen, all deine Reaktionen und noch unzählige Eigenschaften mehr. Diese kannst du nicht sehen und auch nicht angreifen, trotzdem gehören sie zu deinem Leben dazu.

Erst die Einheit aus Körper, Geist und Seele macht aus dir einen vollständigen, einzigartigen Menschen. Der Körper bietet der Seele ein Zuhause für begrenzte Zeit, bis alle geplanten Abenteuer erlebt wurden. Wenn du dich dazu entschließt, deinen Körper zu verlassen, dann gibst du diesen an Mutter Erde zurück. Während du, als die unsterbliche Seele, mit allen neuen Erfahrungen als reines Lichtwesen neue Abenteuer erlebst.

Die Seele ist der göttliche Funke in dir. Den Zugang zu ihr findest du in deinem Herzen. Gott ist reine Liebe, und deine Seele bzw. du selbst bist ebenso ein Teil von Gott. Daher ist es das höchste Ziel in deinem Leben auf der Erde, deine Göttlichkeit – die Liebe – zu leben.

Dieses große Herz mit Gesicht, das bin ich, sprich, meine Seele. Die Seele meiner Freundin Nimm sieht total lustig aus. Sie besteht aus einem Luftballon, hat fünf Augen und einen Bart, trägt Ohrenschützer und eine große Brille. Sie kann aber zum richtigen Moment auch sehr ernst sein, nämlich wenn es um den Plan des Lebens geht. Wie sieht deine Seele aus? Hier noch eine Anleitung, wie du den Kontakt zu ihr herstellen kannst:

Schließe deine Augen, konzentriere dich auf deinen Herzschlag und stelle dir den Eingang zu deinem Herzen vor. Das kann ein Mauseloch sein, eine Brücke oder ein riesiges Schlosstor. Durch diesen Eingang trittst du in dein Herz, und nun hast du alle Freiheiten. Richte dein Herz ein, wie es dir gefällt. Du könntest ja auch Besuch bekommen? Gestalte das Innenleben deines Herzens, wie du es gerne möchtest. Als letzten Schritt lädst du deine Seele in dein Herz ein. Sieh dich genau um, sie steht bestimmt schon da und freut sich riesig, dass du endlich einen Weg zu ihr gefunden hast. Ich wünsche dir viel Freude mit deinem neuen Freund und Wegbegleiter.

Nachdem die Seele ja unsterblich ist, haben wir alle schon viele Wiedergeburten erleben dürfen. Da kann ich dir ganz tolle Geschichten aus meinen früheren Leben erzählen. In naher Zukunft kannst auch du dich an deine gelebten Leben erinnern, oder hast du jetzt schon Erinnerungen daran?

Ich kann mich gut an meine früheren Leben erinnern. Meine ersten Erfahrungen machte ich in einem Insektenkörper, das war mir zu langweilig. Danach schlüpfte ich in eine wundervolle Blume. Ich blühte, duftete und wuchs schnell heran. Bienen und Hummeln trugen meinen Blütenstaub in die Welt, und doch wollte ich noch

65

mehr erleben. Irgendwann verwelkte ich und dachte, das kann doch noch nicht alles gewesen sein. So schlüpfte ich in ein Vögelchen. Es gibt wirklich nichts Schöneres, als hinauf zu den Wolken zu fliegen, über die Berge und das Wasser zu gleiten. Eine wundervolle Erfahrung war das Großziehen meiner kleinen Babyvögelchen. Viele neue Gefühle lernte ich dabei kennen, ein Nest voller hungriger Mäuler machte mir richtig viel Arbeit. Immer musste ich mir etwas Neues einfallen lassen, die Kleinen bei Laune zu halten und sie satt zu kriegen. Aber was tut man nicht alles aus Liebe!

Das Leben bedeutet ständige Veränderung, und so verließ ich auch diesen Körper wieder. Ich war nun bereit, meine Erfahrungen als Mensch fortzusetzen. Zusammen mit Geist und Seele ist der menschliche Körper ein wundervolles Werkzeug, um die unterschiedlichsten Erfahrungen zu sammeln. Auf den ersten Blick erscheint es so, als gäbe es nicht nur gute Erfahrungen. Wenn du erfahren möchtest, was es bedeutet, glücklich zu sein, musst du auch einmal erfahren haben, wie es sich anfühlt, traurig zu sein. Alle Erfahrungen sind daher wertvoll.

Mein Leben als Pirat war herrlich, ich segelte mit meinem Schiff „Squirl" quer über alle Meere und traf viele wohlhabende Menschen. Es gab Piraten, die um Gold kämpften, dann gab es welche, die anderen Menschen nichts Gutes wollten, und dann gab es noch mich. Ich raubte keine Schätze, wie du es vielleicht vermutest, sondern ich suchte an allen Ecken dieser Erde nach den schönsten Spielsachen für Kinder. Meine Piraterie bestand darin, die Erfindungen, Zeichnungen und Spielsachen zwischen den Kindern in aller Welt zu tauschen. Mein furchterregendes Aussehen versetzte alle in Angst und Schrecken. Alle kannten meinen Namen, den mir die Kinder, die mich schon kannten, gegeben hatten. Soll ich ihn dir verraten?

Ich trau mich nicht, er ist so schrecklich, dass ich mich sogar selbst davor fürchte. Ich war bekannt unter dem Namen: der Furchtlose Harald!

An allen Ecken der Erde warteten die Kinder bereits auf mich und die unzähligen neuen Spielsachen in meiner Schatztruhe. Natürlich haben wir, meine treuen Reisegefährten und ich, die Spielsachen auf den garantierten Spaßfaktor getestet. Wir benahmen uns wie kleine Kinder, das durfte aber kein Mensch außerhalb der Squirl wissen – es war ein gut gehütetes Schiffsgeheimnis. Ich habe es sehr genossen, in die strahlenden Kinderaugen zu blicken, wenn ich meine Schatztruhe öffnete.

Das war eines meiner lustigsten Leben, und wenn du wissen willst, was danach kam, dann schau mal auf das nächste Bild...

Schon als ganz kleiner Junge liebte ich meine roten Socken. Sobald meine Mama mir andersfarbige Socken gab, fing ich sofort an zu weinen, und ich hörte erst dann wieder auf, wenn ich rote Socken anhatte. Später erkannte ich, dass es so viele gute, rote Früchte gab, und baute kleine Türme daraus. Diese fielen aber immer wieder zusammen. Ich brauchte also dringend eine gute Lösung, damit meine Türme hielten. Eines Tages backte meine Mutter einen Kuchen, der mit einer weißen Masse überzogen war. Da kam mir die zündende Idee.

Ich schabte die Masse vom Kuchen, nahm meine Früchte und baute in meinem Zimmer einen riesigen, roten Schneefruchtturm, der gigantisch in die Höhe ragte. Er sah aus wie ein riesengroßer Daumen. Während ich glücklich meinen Turm betrachtete, hörte ich jemanden in der Küche schreien. Vor lauter Schreck verschlang ich den ganzen Turm mit einem Satz. Meine Mutter stürmte in mein Zimmer und fragte mich, ob ich gesehen hätte, wer die Creme samt Gelee vom Kuchen geklaut hätte. Rund um den Mund mit weißer Creme verschmiert, sagte ich: „Das war sicher der Hund!" Meine Mutter antwortete erstaunt: „Wir haben keinen Hund." Sie fing an zu lächeln, und ich lachte auch. Danach gingen wir beide in die Küche und aßen den nicht mehr ganz so hübschen Kuchen mit Genuss auf.

Mama zeigte mir alles über das Backen. Von da an gab es beinahe jeden Tag eine Torte. Später wurde ich natürlich Konditor. Alle Menschen liebten meine Torten! Kannst du dir wohl denken, warum ich überall unter dem Spitznamen „Rote Socke" bekannt war?

Als Clown konnte ich die Kinderwelt verzaubern, dies war eine sehr wertvolle Erfahrung für mich.

Anfangs war mein Leben sehr traurig. Ich konnte nicht lachen, hatte keine Lust, etwas zu unternehmen, und Freunde gab es auch keine. Was aber keinen wunderte, denn so eine miese Stimmung hatte bestimmt kein Zweiter auf der Welt.

Aber ich wollte in meinem Leben etwas ändern. Eines Tages stand auf der Straße ein Clown und rund um ihn viele lachende und klatschende Kinder. Der Clown sah mich an und sagte: „Kauf dir ein Kostüm und verstecke dein unglückliches Gesicht, so fürchten sich ja alle vor dir!"

Das war eigentlich gar keine schlechte Idee! Als ich das Kostüm zum ersten Mal anhatte, erkannte ich mich selber nicht mehr im Spiegel. Ich konnte meine Mundwinkel bis ganz nach unten schieben und trotzdem sah ich aus, als würde ich lächeln. Die Gesichtsbemalung war genial. Die Nachbarkinder bemerkten schnell, dass es einen Clown im Haus gab, und luden mich zu sich nach Hause ein.

Von Tag zu Tag wurde ich immer beliebter, und schon nach kurzer Zeit besuchte ich Kindergärten und Schulen und hatte sogar eine Theatervorstellung. Die Kinder und Erwachsenen lachten und tobten und freuten sich über mein Dasein. Ich war sehr glücklich in diesen Augenblicken. Wenn ich aber meine Maske und das Kostüm ablegte, war ich wieder der alte griesgrämige und einsame Mensch.

Eines Tages fragte ich mich, warum ich eigentlich so traurig war? Lange habe ich darüber nachgedacht, bis ich zu der Erkenntnis gekommen bin, dass ich gar keinen Grund dafür hatte. Ich erkannte, dass man sich nur dafür entscheiden muss, glücklich zu sein, und dafür braucht man keinen Grund.

In diesem Bild steckt ein Rätsel für dich. Eines will ich dir verraten, hier habe ich meinen Bär Grizzly kennengelernt, und zwar so:

Im Flugzeug meines Großvaters entdeckte ich auf dem Rücksitz ein kleines Häufchen, das mit Staub überzogen war. Ich pustete ordentlich hinein, und da erblickte ich eine Nasenspitze. Nach nochmaligem Pusten kam ein Gesicht zum Vorschein. Es lächelte mich an. Mit einem Tuch wischte ich den restlichen Staub weg, und da lag ein Teddybär. Er war am ganzen Körper total durchlöchert und es fehlte ihm ein Auge. Es dauerte eine Weile, bis er gesäubert und geflickt war. Danach glänzte er wieder wie neu. Von diesem Tag an war er mein allerbester und treuester Freund.

So, nun bist du an der Reihe. Wenn du dieses Bild ganz genau betrachtest, dann wird dir bestimmt klarwerden, was ich in diesem Leben gemacht habe. Nun kennst du mich ja schon ein bisschen und weißt, dass ich in all meinen Leben das gleiche Ziel verfolgt habe. Ich bin wirklich gespannt, ob du errätst, auf welche Art und Weise ich Freude und Liebe in die Welt gebracht habe.

Um Gutes zu tun, muss man nicht erwachsen sein, und wer sich um das Wohlergehen der anderen Lebewesen bemüht, der wird immer viel Freude in seinem Leben haben. Möchtest du das auch? Gut, dann lass dir jeden Tag etwas Neues einfallen.

Unsere goldene Erde auf Händen tragen

Du hast mich als liebevolles Mädchen kennengelernt, aber jetzt muss ich mit dir und den Menschen deiner Zeit auch einmal streng sein und dir bewusst machen, dass ihr euer Leben von Grund auf überdenken solltet. Glaubst du, dass Mutter Erde samt den darauf lebenden Wesen derzeit wirklich glücklich ist?

Mutter Erde liebt alle ihre Kinder und hat viel Verständnis für die Art und Weise, wie es die Menschen bevorzugen zu leben. Doch ihre Geduld geht langsam zu Ende, denn unser Planet ist schwer krank, und die Ursache sind die Menschen deiner Zeit. Wir haben ihr Leid nicht beachtet, stattdessen sind wir mit ihr so umgegangen, als gäbe es kein Morgen. Hat sie das verdient?

Wir hier, in meiner Zeit, tragen unsere „goldene Erde" auf Fingerspitzen. Wir behandeln sie, als wäre sie ein rohes Ei. Sie benötigt diese Liebe und Sanftheit, denn bis vor kurzem war sie noch sehr traurig und auch sehr zornig auf uns. Mit Taifunen, Erdbeben, Überschwemmungen, Vulkanen und vielem mehr verpasste sie der Menschheit einen Denkzettel. Leider wachen die Menschen immer erst dann auf, wenn es schon reichlich spät ist.

Ich spüre nun, dass sich Mutter Erde wieder beruhigt hat, nicht mehr weint und langsam zu heilen beginnt. Wir sorgen dafür, dass der natürliche Kreislauf wieder läuft, erzeugen keinerlei Schadstoffe, keinen Abfall und keine negativen Gedanken mehr. Wir Menschen kämpfen nicht mehr gegeneinander, sondern freuen uns darüber, gemeinsam auf diesem wunderschönen Planeten Gäste sein zu dürfen. Du kannst jetzt sofort damit beginnen, der Erde kein Leid mehr zuzufügen. Hast du schon eine Idee, was du ändern kannst?

Wir lieben Mutter Erde, und sie liebt uns.

Auch die Tiere lieben uns und sind unsere Freunde. Wir bewundern sie, weil sie so verschieden sind, wir lernen sehr viel von ihnen, und sie zeigen uns, wie einfach es ist, glücklich zu sein. Die Tiere sind uns in vieler Hinsicht sehr ähnlich. Fällt dir etwas ein, was sie mit uns gemeinsam haben?

Tiere haben ebenso Gefühle wie wir. Sie sind Wesen der Natur, genauso wie Bäume, Blumen, Wiesen, Gewässer, die Luft und die Erde. Allesamt geben uns die Kraft für das Leben. All diese Bewohner der Erde helfen uns zu verstehen, dass wir Menschen nicht das einzige lebendige Wesen sind. Wir bilden mit ihnen zusammen einen Kreislauf, und wenn nur ein Glied aus dieser Kette fehlt, ist das Gleichgewicht gestört. Alle haben das gleiche Recht, in Glück und Frieden zu leben.

Diejenigen Menschen, die es schaffen, alles auf der Erde zu respektieren und zu lieben, werden nie krank und erfahren kein Leid.

Die fünf Elemente

Kennst du die fünf Elemente des Lebens? Das sind Erde, Feuer, Wasser, Luft und das Licht. Ohne sie wäre Leben nicht möglich. In der Erde wachsen die Pflanzen, die dich ernähren. Das Feuer der Sonne wärmt dich. Dein Körper besteht zu einem überwiegenden Teil aus Wasser, und du brauchst täglich frisches Wasser, um deinen Durst zu löschen. Die Luft benötigst du zum Atmen, und das Licht ist das göttliche Licht, das alles zum Leben erweckt. Jedes dieser wertvollen Elemente wird von einem Lichtwesen geschützt. Von Professor Drachkam habe ich erfahren, wie ich den Geist des Feuers und des Wassers rufen kann.

An einem wunderschönen, warmen Sommerabend machten meine Freunde und ich ein Lagerfeuer. Wir spielten auf unseren Musikinstrumenten, sangen und tanzten rund um das Feuer, so riefen wir die Feuergeister. Über die Feuergeister können wir den Feuerdrachen aus seinem Reich herbeilocken.

Feuerdrache, Feuerdrache,
unterbrich doch bitte deine Wache.
Erscheine uns und bring uns fort
an einen ganz bestimmten Ort.

Die Flammen wurden größer und höher. Die Farbe des Feuers veränderte sich von gelb zu violett, und gemeinsam mit den Geistern sprachen wir immer wieder den Lockruf. Der Feuerdrache ist ein ganz toller Begleiter, denn sobald er erscheint, nimmt er dich mit auf eine Abenteuerreise.

Mitten in den lodernden Flammen erschien er uns. Wie du sehen kannst, sieht er total lieb aus und ist immer zu kleinen Scherzen aufgelegt. Er liebt die Menschen und hat Freude daran, ihre Wünsche zu erfüllen.

Der Feuerdrache fragt jedesmal: „Na, ihr lieben Menschenkinder! Wohin soll ich euch denn diesmal mitnehmen? Wollt ihr ins Weltall oder vielleicht ins Innere der Erde reisen?" Für den Drachen ist das keine große Sache. Er kann jeden Einzelnen zur gleichen Zeit mit auf Reisen nehmen. Wohin würdest du denn gerne reisen?

Wenn du das nächste Mal ein Lagerfeuer mit deinen Eltern machst, denke daran, auch du kannst mit dem Feuerdrachen verreisen, und nimm gleich deine Eltern mit, es wird ihnen gut tun, sich einfach mal fallenzulassen, um zu sehen, wohin die Reise geht.

Wir, Miss Berta, Floh, Bug, Grüni und ich hatten einen gemeinsamen Wunsch. Wir entdeckten ein paar Tage zuvor einen Regenbogen. Miss Berta war bereits 120 Jahre alt und das Einzige, was sie noch nie gemacht hatte, war Regenbogenrutschen.

Wir baten den Feuerdrachen, uns alle gemeinsam auf den höchsten Punkt des Regenbogens zu stellen. Der Drache sah etwas verwirrt aus, denn so einen Wunsch hatte zuvor noch nie jemand, doch für ihn ist nichts unmöglich. Einmal Augen zu und schon standen wir mitten in den Wolken auf dem Regenbogen.

Die Farben des Bogens waren überwältigend. Miss Berta war sichtlich gerührt und musste sich die Freudentränen aus den Augen wischen. Wir nahmen uns an die Hand und los ging's. Floh, der Verrückteste von uns allen, rutschte als Letzter auf dem Bauch.

Wir
kreischten
und lach-
ten so
laut, dass
uns die Trä-
nen kamen. So etwas
Lustiges hatte ich noch nie erlebt.

Der Regenbogen zog sich lange dahin, und wir hatten das Gefühl, er würde nie enden. Ich wünschte, du wärst dabei gewesen. Als wir unten angekommen waren, lagen wir alle auf einem Haufen und lachten. Miss Berta sagte mit zufriedenem Lächeln im Gesicht: „Dass ich das noch erleben durfte, ich bin überwältigt. Danke, lieber Feuerdrache, danke!"

Als ich erfuhr, dass die Meerjungfrauen zum Element Wasser gehören, wollte ich nur noch eines – einer Meerjungfrau begegnen. Die tiefen Ozeane sind für uns Menschen ein sehr geheimnisvoller Ort. Dort gibt es für uns keine Luft zum Atmen, und wer sich ins Wasser begeben möchte, sollte unbedingt gut schwimmen können. Die Unterwasserwelt ist ganz besonders faszinierend. Immer wieder tauchen die Menschen in die Tiefen, um Neues zu erforschen, aber nur mit der Hilfe der Meerjungfrauen werden wir alle Geheimnisse erfahren.

Das Meer ist generell ein sehr stiller Ort, an dem ich mich gut erholen kann, und es weht immer ein frischer Wind über seine Oberfläche. Vor kurzer Zeit war es aber nicht nur an der Oberfläche still, sondern auch im Wasser. Anstatt diese wundersamen Orte zu respektieren, fischten die Menschen einfach immer mehr und mehr Lebewesen aus den Ozeanen, und die Delphine, Thunfische, Wale und Meeresschildkröten sind beinahe aus den Gewässern verschwunden.

Genau wie beim Feuerdrachen gibt es auch eine Möglichkeit, in Kontakt mit den Meerjungfrauen zu kommen. Auch sie haben sich von uns Menschen zurückgezogen, denn sie glaubten nicht mehr daran, dass wir uns besinnen.

Meerjungfrauen bemühen sich liebevoll um die im Wasser lebenden Tiere und Pflanzen, damit das natürliche Gleichgewicht aufrechterhalten werden kann.

Heute haben die Naturwesen wieder Vertrauen in uns Menschen, und wenn ich mit einer Meerjungfrau eine Reise durch den Ozean machen möchte, dann rufe ich sie.

Du liebliches Wesen aus den Meeren,
kannst du mir den Zutritt gewähren?
Schwimm mit mir ins tiefe Blau,
liebevolle Meerjungfrau.

Sie erkennen sofort, ob meine Absichten reinen Herzens sind. Wenn ja, so schnell kann ich gar nicht schauen, bin ich im Wasser in einer Lufthülle und spüre ihre zarte Hand an meiner. Bei meinem ersten Besuch im Meer lernte ich meine neuen Freunde Qualli, Stichl und Hannelore kennen, die ich sofort in mein Herz geschlossen habe. Du wirst sie gleich kennenlernen.

Vor ein paar Tagen war ich wieder bei ihnen zu Besuch. Sie freuten sich sehr! Qualli, der Tintenfisch, Stichl, der Kugelfisch, und Hannelore, die Wasserschildkröte, hatten eine sonderbare Entdeckung gemacht. Wir tauchten sofort zum Grund des Meeres und fanden merkwürdige Gegenstände, welche keiner von uns kannte.

Wir sammelten alles ein, brachten es an Land, und die Erwachsenen kümmerten sich darum, alles richtig zu verwerten. Auf der Erde befinden sich viele solcher Gegenstände aus deiner Zeit. Wir lassen sie aber nicht einfach liegen und warten darauf, bis die Natur mühevoll alles zu sich holt, sondern verwenden es sinnvoll wieder. So hat die Natur viel weniger Arbeit und wir sind wieder gefordert, eine optimale Lösung für unser aller Wohl zu finden.

Aus Mamabaums Erzählungen erkenne ich diese merkwürdige Plastiktüte wieder, ansonsten kann ich dir nur sagen, dass es keine dieser Sachen in meiner Zeit gibt. Offensichtlich sind diese heute nicht mehr wichtig.

Ich könnte mir gut vorstellen, dass diese Sachen aus deiner Zeit stammen. Stimmt das? Kennst du etwas von diesen Dingen? Ich gehe jetzt gleich zu Mamabaum und frage sie, ob sie diese Dinge kennt.

Mamabaum lächelte, denn sie kannte diese Gegenstände sehr gut. „Mamabaum, sag mir bitte, ob ich richtig liege, aber auf diesem Bild befinden sich doch diese Zettel mit einer Zahl und einem Kopf drauf, sah so Geld aus?" fragte ich Mamabaum, und sie antwortete laut lachend: „Ja, Süße, so ist es, du hast es ganz richtig erkannt!"

Sie deutete noch auf das kleine Kästchen mit Ziffern darauf und nannte es Mobiltelefon. Damit konnte man sich über weite Entfernungen miteinander unterhalten. Ich fand es wirklich witzig, denn heute unterhalten wir uns direkt mit unseren Gedanken über unendlich weite Entfernungen hinweg.

Diese schweren, langen Eisenstangen nannte sie Schlüssel und sagte: „Die früheren Menschen schlossen alles zu. Ihr Zuhause, ihre Fahrzeuge, die Schmuckkästchen, die Fahrräder und noch vieles mehr". Ich antwortete: „Die müssen aber viel Angst gehabt haben!"

„Die Uhr, der runde Kreis mit zwei Zeigern, war der Stressmacher. Die Menschen kamen stets zu spät und blickten pausenlos auf die Uhr. Dies nannte man Stress, den man entwickelt, wenn einem die Zeit davonläuft und man sie auch noch pausenlos vor Augen hat."

Gummihüpfen ist toll

Miss Berta erzählte mir von einer ihrer Lieblingsfreizeitbeschäftigungen in ihrer Kindheit, und zwar das lustige Gummihüpfen. Ich kann nur sagen, das ist Bewegung pur und auch total anstrengend. Dazu benötigst du ein Gummiband von mindestens fünf Metern Länge und zwei oder mehr Freunde. Die niedrigste Stufe ist bei den Knöcheln, dann in der Kniekehle, Pobacken, Taille, Brust, Hals und dann ...Bist du auch schon mal so hoch gehüpft?

Falls du es mal ausprobieren möchtest, hier ein paar rhythmische Textbeispiele, nach denen man im Takt hüpfen kann. Der Phantasie sind keine Grenzen gesetzt.

Ho, ho, ruck, ruck,
Donald, Donald, Duck, Duck,
Micky, Micky, Maus, Maus,
rein, rein, raus, raus.

Rechts, Rechts, Links, Links, Mitte, Mitte, Breit,
Links, Links, Rechts, Rechts, Mitte, Mitte, Raus.

Wir hatten sehr viel Spaß und sind nun richtige Gummihüpfprofis. Auch meine Freunde Schila und Nanu finden es super lustig. Schila ist wirklich ein Naturtalent, sie springt wie eine Gazelle. Jeder von meinen Freunden ist in einem anderen Bereich Spitze. Das Wichtigste bleibt aber immer der Spaß und die Freude an der gemeinsamen Aktivität.

Wir lernen voneinander

Jeder einzelne Mensch auf der Erde hat eine eigene oder mehrere ganz einzigartige Gaben. Wie du weißt, liegt meine Stärke in der Erschaffung von neuen Blumen alleine mit meiner Gedankenkraft. Der liebenswerte Henry, links im Bild, ist ein leidenschaftlicher Mathematiker und Sternenforscher. Was zeichnet dich aus und macht dich einzigartig? Du hast doch auch so eine besondere Gabe, oder? Ich bin mir ganz sicher, dass auch du ein ganz tolles Talent hast!

Wir alle hier geben gerne unser Wissen an unsere Mitmenschen weiter. Aus diesem Grund bieten wir jeden Tag ein neues, spannendes Thema an, bei dem jeder dabeisein kann. Es ist völlig egal, ob derjenige noch ein kleines Kind ist oder schon ein älterer Herr. Wir Menschen hören nie auf zu lernen, und es macht uns allen sehr viel Spaß. Beim letzten Thementag ging es um die Sternenkunde, und Henry war der Vortragende. Aus tiefstem Herzen konnte er uns alle – und es waren sehr viele Menschen dabei – von der Sternenwelt verzaubern. Meinetwegen könnte so ein toller Tag nie enden, denn es ist immer so spannend. Wir lagen den ganzen Abend in der Wiese und guckten hinauf zu den Sternen. Henry kennt sich gut aus dort oben. Mein außerirdischer Freund Grüni ist auch dabei gewesen, selbst er, der wirklich viel durch das All reist, hat nicht so viel Ahnung von unserem Sternensystem wie Henry.

Auch ich hatte einmal die Ehre, meine Gabe den Menschen mitzuteilen. Die Teilnehmeranmeldungen waren so groß, dass ich meinen Kurs gleich zweimal hintereinander anbieten durfte. Es war ein tolles Erlebnis für mich, plötzlich Mittelpunkt zu sein, und jeder hörte mir aufmerksam zu. Das macht mich total stolz.

Ich habe mich bereits jetzt für die Ausflüge und Themen auf eine alte Burg, die Reise durch den Dschungel, Lichtnahrung und freie Energie eingetragen. Wir lassen die Kurse immer mit einem gemeinsamen Essen ausklingen.

Freie Energie

In deiner Zeit gibt es Fahrzeuge, die mit äußerst gefährlichen Schadstoffen fortbewegt werden. Die Wälder hatten sehr zu kämpfen, die unreine Atemluft wieder zu säubern. Heute, in meiner Zeit, sorgen wir dafür, dass Bäume neu angepflanzt werden und das Gleichgewicht wiederhergestellt wird.

Je weniger Bäume auf der Erde wachsen, desto schwerer wird es für sie sein, die Atemluft zu säubern.

Je mehr Bäume es gibt, desto .... Weißt du, was ich jetzt sagen will?

So wie du fahre auch ich gerne mal aus reinem Spaß mit einem Auto. Es gibt da aber einen kleinen, aber doch wesentlichen Unterschied, denn unsere Fahrzeuge haben keine Verbrennungsmotoren und sind daher auch keine Belastung für die Umwelt. Eigentlich bräuchten wir gar keine Autos, um uns fortzubewegen, denn wir können ja mit unserem Energiefeld um uns herum durch die Lüfte schweben oder große Entfernungen durch Portale überwinden. Hast du schon einmal von der „freien Energie" gehört?

Sieh dir dieses Bild an und sag mir, was du glaubst, wie unser Auto funktioniert.

Die innere Ruhe

Wenn wir den ganzen Tag so viel „action" haben, gönnen wir uns dazwischen eine Erholung. Nicht nur der Körper braucht seine Ruhephasen, sondern auch unser Geist und unsere Seele, und dies tun wir, indem wir meditieren. Wir konzentrieren uns und lassen unsere Gedanken ziehen, ohne näher darauf einzugehen. Hast du schon einmal meditiert? Mach es, wo immer du gerne möchtest, am Strand, im Bett, wenn du in der Wiese liegst; es ist ganz einfach.

Wieder habe ich von Mamabaum erfahren, dass die Menschen früher nie zur Ruhe gekommen sind. Grund dafür waren Alltagsstress, der Leistungsdruck in der Schule und keine Zeit für die Familie, Freunde und Natur. Um für dieses Übel Abhilfe zu schaffen, wurde die Meditation entdeckt, toll, nicht wahr? Sie ermöglicht es dir, in dich zu gehen und dir die absolute Ruhe zu gönnen. Jeder meditiert anders. Bug stellt sich auf den Kopf. Er konzentriert sich auf das Gleichgewicht seines Körpers, und damit sind die Gedanken bereits verschwunden. Bonny hat eine spezielle Technik des Ein- und Ausatmens. Grizzly, mein Bär, fragt sich pausenlos selbst, woher seine Gedanken kommen und was sie ihm eigentlich sagen wollen. Schon sind alle Gedanken verschwunden. Ich atme bewusst ein und aus und hebe dabei meine Arme hoch und senke sie wieder, drehe meinen Kopf nach links und nach rechts, vor und zurück, kreise meine Füße und Hände und schon bin ich total gedankenlos.

Probier es einfach mal aus, und ich verspreche dir, dass du dich danach viel besser fühlst und besser konzentrieren kannst. Jeden Tag ein paar Minuten, und du bist perfekt im Einklang mit deinem Körper, dem Geist und natürlich auch mit deiner Seele.

Die Natur neu erblühen lassen

Bevor ich nun zu meinem Schlussbild komme, möchte ich dir noch etwas ganz Wichtiges ans Herz legen. Wir haben den Lebewesen der Erde sehr viel Platz zum Leben weggenommen. Jetzt ist es an der Zeit, diese Teile der Erde, der Natur zurückzugeben.

Du kannst dabei helfen, indem du auf deine Ernährung achtest, also auf das Essen von unseren Tierfreunden verzichtest und deine Mama oder deinen Papa davon begeisterst, mit den pflanzlichen Lebensmitteln zu experimentieren. Achte darauf, Plastiktüten zu meiden. Es gibt ganz tolle Stofftaschen, oder mach es wie Miss Berta, die sich selbst eine wundervolle Tasche gehäkelt hat. Wirf deinen Müll auf keinen Fall in die Natur, denn sie benötigt viele Jahre, um diese Schadstoffe zu verarbeiten. Schalte den Strom ab, wenn du ihn nicht benötigst, denn in deiner Zeit kommt der Strom aus riesigen Kraftwerken, die für die Natur eine große Belastung sind.

Vielleicht fällt dir selbst noch etwas Tolles ein, wie du mithelfen kannst, der Natur zu helfen?

Wenn alle gemeinsam zusammenhelfen, dann kann das Herz der Erde wiedererweckt werden und zu neuem Leben erblühen.

Wusstest du,
dass unsere geliebte Erde
vor nicht allzu langer Zeit die Ehre hatte,
zu einem richtigen Stern
im Universum zu werden?

Wir Menschen können ihr dabei helfen,
noch heller als alle anderen Sterne zu funkeln.

Das goldene Tor

In deiner Welt gibt es Licht und viel Schatten. Es gibt Menschen, denen das Wohlergehen vieler Lebewesen nicht wichtig ist, und es gibt immer mehr Menschen, die das reine Licht verkörpern. Sie haben ein riesengroßes Herz und tun alles in ihrer Macht Stehende, um die Welt zu verbessern. Für dich ist doch klar, was du sein möchtest, oder? Bist du das göttliche Licht, dann hilf mit, dass es allen gut geht, und mach aus der Erde einen hell leuchtenden Stern, auf dem es nur noch die Liebe gibt.

Jeder steht jetzt vor dieser Entscheidung, was er sein möchte. Durchschreite auch du das goldene Tor und lebe, was du bist – sei ein Beispiel für alle anderen. Wenn du Menschen triffst, die sich nicht entscheiden können, weil sie sich noch nicht damit beschäftigt haben, was sie aus ihrem Leben machen wollen, nimm sie an deine Hand und zeige ihnen den Weg zu ihrem Herzen. Ihr werdet diese Welt durch eure Liebe verändern, und deine Welt wird bald so sein wie die meine.

Ich warte auf dich.

Denk daran, mir all deine Vorstellungen als Bilder oder auch Texte von der „Neuen heilen Erde" per E-Mail zu senden.

projekt.ella@me.com

Danke,
deine Ella